DE L'ESPRIT

DU GOUVERNEMENT

REPRÉSENTATIF.

IMPRIMERIE DE PIHAN DELAFOREST (MORINVAL),
Rue des Bons-Enfans, n. 34.

DE L'ESPRIT

DU GOUVERNEMENT

REPRÉSENTATIF.

PAR

J. Armand de Caliani.

PRIX : 1 FRANC.

PARIS.

CHEZ DELAUNAY, LIBRAIRE, PALAIS-ROYAL,

PÉRISTYLE VALOIS.

—

1836

AVANT-PROPOS.

La connaissance exacte des vrais principes du gouvernement représentatif intéresse trop vivement, selon nous, le bien-être d'une aussi grande nation que la France, pour que tout citoyen, quoique doué des moyens les plus modestes, ne croie pas faire une chose utile en travaillant à leur propagation. Tel est le motif qui peut servir d'excuse à la publication de cet essai.

Nous n'avons pas eu la prétention de dire des choses nouvelles, nous nous sommes seulement attaché à réunir les principes les plus saillans du système et nous les avons rédigés dans les termes qui nous ont paru les plus clairs, les plus précis, en ayant soin d'écarter toutes les questions oiseuses qui auraient pu nuire à leur évidence: heureux si nous avons su présenter sous leur véritable aspect les institutions représentatives et si nous avons réussi à démontrer que c'est d'elles seules que la France peut espérer le maintien de l'ordre et de la vraie liberté.

DE L'ESPRIT

DU GOUVERNEMENT

REPRÉSENTATIF.

CHAPITRE PREMIER.

CONSIDÉRATIONS GÉNÉRALES SUR LES FONDEMENS DE LA SOCIÉTÉ CIVILE ET SUR LA CAUSE PRIMORDIALE DES RÉVOLUTIONS (1).

On ne peut observer et comparer entre eux les élémens dont se compose la société civile, sans y reconnaître bientôt l'existence de forces diverses dont l'accord ou le conflit est l'indication la plus certaine d'un état bien ou mal constitué. En quoi consistent ces forces? Quels en

(1) Dans ce chapitre comme dans ceux qui le suivent, nous avons eu plus d'une fois l'occasion de consulter un ouvrage remarquable publié en 1827, sous le titre suivant : Esquisse politique sur l'action des forces sociales dans les différentes espèces de gouvernement.

sont les principaux attributs? Voilà sur quoi il importe de se faire une idée nette et précise dès qu'on veut s'éclairer sur les grandes questions de l'ordre politique. Dans ce but, il est nécessaire de sonder les bases de la société, de creuser dans le fond même de sa constitution intrinsèque.

La base indispensable de l'organisation sociale, la condition de toute civilisation, c'est la propriété ; sans elle, il est impossible de concevoir aucun développement important des facultés de l'homme ; car si elle n'était pas un droit reconnu, imprescriptible, il est certain que les hommes actifs ne voudraient pas consacrer au travail leur temps et leurs peines, pour s'en voir ravir le fruit par la cupidité et par la violence ; ils ne chercheraient pas à acquérir les connaissances propres à améliorer ou à perfectionner leur existence matérielle et morale ; ils se borneraient à produire tout au plus les objets indispensables à leur consommation individuelle et journalière. On peut donc regarder la propriété comme la source commune des richesses et des lumières, parce que c'est à elle, parce que c'est aux accumulations faites à l'ombre de ce droit, que les peuples policés doivent, non seulement ces produits innombrables et variés qui satisfont à leurs besoins, mais encore tous les avantages, toutes les jouissances attachés à la culture des sciences et des arts.

Or, les richesses et les lumières sont les conditions essentielles et indivisibles de la force sociale. Cela s'explique de soi-même : les richesses, et notamment la propriété de la terre, fournissent du travail, et par conséquent la subsistance à ceux qui ne possèdent rien et qui, à moins de se livrer au brigandage, sont obligés de travailler pour vivre : cette circonstance qui met les travailleurs sous la dépendance des propriétaires imprime évidemment aux richesses le caractère de la force. Les lumières, de leur côté, sont aussi un élément de force, parce que le bon emploi qu'elles font des facultés humaines tend à l'accroissement des richesses, et parce que les hommes éclairés exercent nécessairement, sur ceux qui ne sont pas doués du même avantage, une influence qu'il est impossible de méconnaître et qui leur donne un véritable titre à la supériorité.

Il suit de ce qui précède que les richesses et les lumières étant, sous le point de vue politique, des conditions de force, les contraires de ces avantages, la pauvreté et l'ignorance sont, sous le même point de vue, des conditions de faiblesse, d'infériorité.

Des poëtes et des philosophes misanthropes

ont prétendu que cette inégalité était un désordre, un état contre nature; ils ont été jusqu'à regarder la pauvreté et l'ignorance comme des vertus. Mais la vertu consiste sans contredit dans le bon emploi de nos facultés, lequel exige le secours des lumières; et quant à la pauvreté, l'expérience prouve qu'elle est bien plus près du vice que de la vertu; car lorsqu'un homme manque du nécessaire, il est difficile qu'il ne tente pas de se le procurer par des moyens coupables; l'aisance, au contraire, en devenant générale, rend les peuples plus moraux et contribue à les préserver des vices qu'engendre l'oisiveté, puisqu'elle suppose l'industrie et le travail. Enfin, les richesses et les lumières sont une preuve du bon emploi que les hommes ont fait de leurs facultés: considérées comme forces sociales, elles sont l'âme du corps politique; partout où elles peuvent se développer librement et sans entraves, elles pénètrent jusque dans les dernières classes du peuple, y portent la vie et la santé, et resserrent de plus en plus les liens de la société civile, tant par l'appui qu'elles prêtent aux faibles que par les services qu'elles en retirent.

Mais on ne s'est pas contenté seulement de déclamer contre cet ordre de choses; on a voulu en altérer le fond par des lois violentes; on a essayé toutes sortes de moyens d'établir parmi les hommes une compléte égalité de fait dans les richesses et dans les lumières. Le temps a constamment fait justice de ces lois et de ces tentatives. Pourquoi? C'est que les forces sociales se rattachent à l'inégalité même que la nature a établie dans l'espèce humaine ; c'est que les hommes ne sont pas faits pour rester stationnaires, et que, s'il est vrai qu'ils *naissent égaux*, il est tout aussi vrai qu'ils ne restent pas égaux dans le développement progressif de leurs facultés physiques et morales. C'est là un fait palpable qu'il est impossible de contester. Qui pourrait nier, en effet, que les hommes doués d'un esprit vif et ingénieux ne brisent continuellement cette égalité stérile du premier âge? Les uns se frayant un chemin dans les diverses branches de l'industrie, étendent et accroissent toutes les sources du bien-être ; les autres, s'élançant dans les domaines des sciences et des beaux-arts, répandent un jour nouveau sur la condition humaine par tout ce qui tend à la perfectionner ou à l'embellir ; d'autres encore se signalent par leurs talens dans les affaires, se distinguent comme guerriers, comme magistrats ; enfin, se poussant tous au-delà des limites où s'arrêtent les esprits lourds et bornés, ils s'élèvent et parviennent au faîte de la gloire et de la fortune, tandis que la foule végète dans l'obscurité ou dans la misère. C'est ainsi que l'inégalité naturelle, combinée avec nos besoins ou nos penchans, imprime à la société civile un mouvement prodigieux que rien ne saurait arrêter, et qui est toujours en raison des différens degrés d'énergie que déploient les hommes dans l'usage de leurs facultés.

Dans cet état de choses, toute société offre deux grandes masses d'individus qu'on ne peut pas confondre ; d'une part, sont les hommes qui possèdent à divers degrés les richesses et les lumières ; c'est le côté des forces sociales ; de l'autre, sont les hommes bornés ou indolens qui restent plongés dans l'égalité stérile de leur nature et dont l'ignorance et la pauvreté font la faiblesse.

En partant de ce point, et si l'on considère que le premier besoin de toute société est de se conserver, il est évident que le but auquel on doit tendre est de maintenir entre les forces sociales un heureux équilibre d'action ; d'empêcher qu'elles ne se blessent réciproquement ; en un mot, de veiller à la sûreté de tous les individus dont la société se compose. Tel est et doit être l'objet du gouvernement.

Il s'en faut cependant que les gouvernemens aient maintenu, dans les sociétés, l'équilibre dont nous parlons : des révolutions effroyables ayant pour unique objet de les renverser, ont trop souvent ensanglanté la terre. A quoi faut-il attribuer la cause de ce désordre, la ruine de tant d'états? Nul doute que ce ne soit à l'action même de la puissance souveraine qu'on doit alors supposer engagée dans une direction contraire à celle qu'elle était appelée à suivre. En effet, qu'on ouvre l'histoire : ici, c'est un despote qui dispose à son gré des biens des particuliers, qui asservit tout à sa volonté suprême, et qui, pour mieux s'assurer l'obéissance aveugle et passive de ses sujets, emploie tous les moyens propres à les retenir dans une ignorance et dans une faiblesse absolues; là, c'est un peuple chez qui la loi fondamentale est d'établir parmi les citoyens une complète égalité de richesses et de lumières, comme si la propriété pouvait rester stationnaire entre les mains des hommes, comme si les connaissances intellectuelles n'étaient pas subordonnées à la trempe, à la différence naturelle des caractères ; ailleurs, c'est un ensemble d'hommes privilégiés qui s'érigent en corps séparés, en classes distinctes, et se partagent le pouvoir afin de plonger tout ce qui n'est pas eux dans l'avilissement et dans l'esclavage. Ainsi, partout les gouvernemens ont tendu à détruire ou à comprimer les forces sociales, et ont provoqué des maux qu'ils auraient dû prévenir en cherchant à combattre l'action que la société civile ne peut manquer d'exercer, sur elle-même au moyen des richesses et des lumières. C'est là la véritable cause des révolutions et il ne faut point la chercher ailleurs. En d'autres termes, le principe constitutif de tout pouvoir politique ne peut reposer que sur l'action de ce pouvoir déterminée dans tous ses rapports avec les forces sociales : lors donc que cette action et ces rapports ne font pas une balance exacte, le pouvoir, ainsi placé en dehors de la société, porte en lui-même un vice qui, tôt ou tard, doit nécessairement entraîner sa ruine. Il est bon de remarquer que nous n'entendons parler ici que des révolutions qui tendent à détruire les formes d'un gouvernement établi et non pas de celles qui tendent seulement à renverser les hommes qui gouvernent. C'est qu'en effet celles-là méritent de fixer l'attention parce qu'elles s'élèvent en réalité contre les abus, contre l'oppression ; leur histoire est féconde en enseignemens utiles ; les autres n'ont pour but que la vengeance et ne s'attaquent qu'aux oppresseurs ; leur histoire est monotone et stérile ; c'est toujours le tableau de masses populaires qui, fortes de leur nombre, se déchaînent en aveugles contre les agens d'une tyrannie plus ou moins violente.

CHAPITRE II.

DU GOUVERNEMENT REPRÉSENTATIF.

Si les bouleversemens politiques doivent être attribués à ce que les gouvernemens ont toujours contrarié l'action que la société exerce sur elle-même pour remplir les conditions de son existence, il est clair que les révolutions proprement dites n'auront plus la même prise dans un ordre politique qui sera l'expression, la personnification exacte de l'action sociale. C'est là l'idée mère du gouvernement représentatif. Dans ce système, la société et le gouvernement ne forment pas deux corps étrangers l'un à l'autre et divisés d'intérêts. Là, l'existence d'une autorité qui se place dans le sein de la société par le fait, tandis qu'elle s'en tient en dehors par le droit, est un phénomène inconcevable. Si donc la société souffre d'une mauvaise législation, comme elle possède en elle-même les moyens de réparer le mal, elle n'a pas besoin de recourir à la violence ; il lui suffit de changer sa marche politique.

Est-ce à dire que cette action que la société exerce sur elle-même appartienne à la totalité du corps social ? Tous les hommes, sans doute, ont le droit de la réclamer en leur faveur ; mais s'ensuit-il quils soient appelés indistinctement à l'exercer et à la diriger ? Nous répondons hardiment que non. Car il n'y a rien de commun entre ce droit et l'effet qu'on lui suppose. La nature, il est vrai, en faisant du besoin de notre conservation et du désir de notre bien-être les mobiles suprêmes de l'existence, nous a conféré par-là le droit de les satisfaire, et, en ce sens, on peut dire que les hommes sont égaux. Mais la nature aussi, comme nous l'avons déjà remarqué, a établi des inégalités dans l'espèce humaine, et ces inégalités, jointes à la base fondamentale de la société civile, à la propriété, engendrent les forces sociales ; or, il est évident que celles-ci sont appelées à diriger l'action de la société, que c'est aux lumières et aux richesses à guider, à protéger l'ignorance et la pauvreté, et que, si les hommes sont égaux en ce qui a rapport au besoin d'être heureux, il ne s'ensuit pas, et il est absurde de supposer que, lorsqu'il s'agit de protéger en masse la satisfaction de ce besoin, l'homme faible puisse et doive prétendre à exercer la même influence que l'homme puissant.

Ce serait toutefois une erreur de croire que les forces de la société puissent être le partage exclusif d'un petit nombre d'individus. Partout où règne une liberté sagement conçue, il est rare qu'un homme, avec de l'activité, du travail ou des talens, n'atteigne pas à quelque degré de la force sociale et ne s'élève à une condition tout-à-la-fois plus heureuse et plus indépendante ; car chacun peut là devenir propriétaire, et le propriétaire, suivant une heureuse expression (1), n'est le plus souvent qu'un *prolétaire annobli;* expression qui, pour le dire en passant, rend au mot de *noblesse* son acception primitive et grammaticale; car, *noble* signifie *connu*, et les modernes, en ne faisant consister la noblesse que dans la naissance; ont tout-à-fait dénaturé le sens de ce mot, puisqu'un homme ne peut être connu par cela seul qu'il compte des ancêtres qui souvent ne sont pas mieux connus que lui. Les anciens, au contraire, ne considéraient comme nobles que ceux à qui leurs ancêtres avaient transmis des richesses et des vertus, c'est-à-dire, des qualités patentes et sensibles par elles-mêmes. A Rome, le patricien devait réunir ces trois conditions : *et patrem, et equum et rem.* Ce qui prouve qu'originairement la noblesse ne consistait pas seulement dans la naissance et qu'elle exigeait aussi le concours de la valeur et des richesses. Mais revenons sur

(1) Cette expression est de M. Alphonse Pepin, auteur de *Deux ans de règne*, ouvrage publié en 1833.

nos pas ; nous disions que partout où règne une sage liberté , partout où les facultés de l'homme peuvent s'exercer sans entraves , le travail et le mérite engendrent la force. Dès-lors , il est essentiel de distinguer dans les élémens de la société deux classes de forces ; d'abord , celles qui n'en ont point de supérieures et qui sont à-peu-près égales entre elles sous le rapport des richesses et des lumières ; en second lieu, celles qui sont en état de travail, de paisible fermentation , et qui se développent sur une échelle tellement étendue , qu'il est impossible que les hommes chez qui elles se trouvent n'acquièrent pas enfin une importance réelle dans la balance politique.

Nous examinerons bientôt suivant quels principes les hommes qui possèdent les unes ou les autres de ces forces doivent concourir à l'action du gouvernement. Qu'il nous suffise, quant à présent, d'avoir cherché à prouver que le pouvoir de régir l'action de la société dérive naturellement de ses propres forces , telles que nous les avons ci-devant déterminées. L'exercice de ce pouvoir, lorsqu'il s'agit de régler les droits et les devoirs de tous les membres d'une association politique, c'est à dire , lorsqu'il s'agit d'établir des lois et de surveiller leur exécution , est ce que nous appelons *gouvernement*. Le surplus est uniquement du ressort de l'administration.

Sur cette idée, on voit à l'instant qu'il n'y a point dans la constitution d'un état, comme on l'a prétendu long-temps, deux sortes de pouvoirs, la puissance législative et l'exécutive ; il n'y a en réalité d'autre pouvoir politique que le gouvernement ou la puissance sociale qui établit les lois et qui veille à ce qu'elles soient exécutées d'une manière conforme à sa volonté ; volonté qui prend sa source dans l'indépendance et la supériorité naturelle des forces de la société civile.

CHAPITRE III.

DE LA RÉPUBLIQUE OU DE LA DÉMOCRATIE.

Nous venons de voir que l'action que la société exerce sur elle-même ne saurait être attribuée à la totalité du corps politique et qu'elle appartient uniquement aux forces sociales. C'est dire assez que nous sommes loin d'admettre comme un fait le principe de la souveraineté collective du peuple : nous avouons même que cette doctrine, base de la démocratie, nous paraît plus propre à tourner des têtes exaltées, à égarer une multitude ignorante, à servir de prétexte à de mauvaises passions, qu'à devenir la règle d'une nation vraiment libre et éclairée. Mais il est nécessaire que nous

2.

entrions à ce sujet dans quelques explications afin de prouver que notre sentiment n'est point le fruit d'une injuste prévention et qu'il porte sur des faits évidens, sur les résultats de l'expérience.

Le principe constitutif de la république est l'égalité, non seulement de droit, mais de fait; car on ne peut pas regarder une démocratie comme constituée par cela seul que la loi y déclare tous les citoyens égaux dans le droit de concourir à la direction des affaires publiques; ce n'est là que la forme extérieure de ce gouvernement. Il faut en outre que les citoyens y soient réellement égaux en richesses et en lumières; sans cela, comment se flatter de faire descendre l'homme riche et éclairé au niveau de l'homme pauvre et ignorant, quand il s'agit de régir la société? Est-il dans l'ordre que l'impuissance gouverne la force? C'est donc sur l'égalité de fait que repose la république; et si Montesquieu n'avait point perdu de vue cette vérité, il est probable qu'il n'eût point donné à la démocratie la vertu pour principe; il eût senti que dans un état où nul citoyen ne doit être assez puissant pour attenter avec succès aux droits de ses semblables et nul assez faible pour être contraint d'obéir à un maître, la vertu politique est la suite de l'égalité positive où se trouvent entre eux tous les membres du corps social; égalité qui, parcequ'elle n'offre point d'appâts aux vices, rend stérile la possibilité de se nuire et fait que chacun est vertueux faute d'avoir intérêt à être autrement. La vertu politique est négative; elle consiste moins dans le bien qu'on fait que dans le mal qu'on ne fait pas.

Mais cette égalité de fait dont nous parlons est-elle dans l'ordre naturel des choses? est-il possible de lui conférer au moyen des lois le moindre caractère de permanence? Quelques législateurs anciens ont cru pouvoir établir aisément l'égalité dans les richesses, en ayant recours à un égal partage des terres. Malheureusement toutes les dispositions prises pour maintenir un pareil partage ont toujours été insuffisantes ou inutiles; on a eu beau régler l'ordre des successions, les dots des femmes, les donations, les testamens, enfin toutes les manières de contracter, cela n'a point empêché l'inégalité de se faire jour par le côté que les lois n'avaient pas défendu ou par des circonstances dont le temps seul est le maître et qui sont en dehors de toute prévoyance humaine. Souvent la populace, dans des temps de troubles et d'anarchie, réclame la loi agraire; mais de telles démonstrations de sa part ne sont que des cris d'impuissance et de faiblesse : on sait que la populace de Rome, malgré sa force numérique et malgré ses tribuns, ne réussit jamais à obtenir cette loi ; c'est qu'elle ne pouvait lutter avec succès contre les forces sociales, représentées par les patriciens, par les principaux, par les gens riches, par le sénat, et qui réunies et concentrées opposaient un obstacle insurmontable à ses prétentions.

Et d'ailleurs, quand on réussirait à maintenir un égal partage des terres, la difficulté de niveler les fortunes n'en subsisterait pas moins à l'égard des richesses qui dérivent des produits de l'industrie manufacturière ou commerciale. C'est à quoi les législateurs de l'antiquité semblent avoir voulu rémédier, soit en flétrissant cette double industrie qui était réputée profession servile ; soit en la proscrivant tout-à-fait, comme fit Lycurgue à Sparte.

Si des richesses nous passons au second élément de la force sociale, aux lumières, on conviendra que, quoi qu'on fasse pour les propager, on ne parviendra jamais à les égaliser, à moins qu'on ne prétende que les hommes puissent être égaux par l'usage de leur raison, par le développement de leurs facultés intellectuelles et par les vertus ; ce que l'expérience dément chaque jour. Cette difficulté n'avait point échappé aux anciens ; ils sentirent que l'égalité républicaine se trouverait nécessairement dérangée et fort compromise, si des hommes trop supérieurs parvenaient à fixer sur eux les yeux de la multitude et à la captiver par l'éclat de leurs lumières et de leurs talens. Il était à craindre que leur prépondérance, surtout s'ils unissaient les richesses à l'élévation du mérite, ne devînt assez forte pour entraîner les masses et pour renverser en peu de temps la république. L'ostracisme fut un des moyens qu'on employa pour prévenir cette prépondérance, et ce fut aussi dans le dessein d'empêcher le développement des lumières que Lycurgue établit la loi de la Xénélasie qui interdisait aux étrangers de séjourner à Sparte et aux citoyens d'avoir le moindre commerce avec eux. Mais l'ostracisme n'empêcha point qu'Athènes ne fût continuellement subjuguée par les tyrans qui s'élevaient sans cesse de son sein, et, quant à la Xénélasie, elle n'était qu'une barrière impuissante opposée à l'esprit humain qui tend toujours à sortir de la barbarie et que rien ne saurait arrêter dans sa marche lente, mais irrésistible.

Il me paraît donc démontré que puisque l'égalité pour les richesses et pour les lumières ne saurait exister et que toute tentative pour l'établir ne peut promettre d'effets durables, il me paraît démontré, dis-je, que la démocratie, dont cette égalité est la base fondamentale, est, comme elle, impossible ou éphémère : impossible , partout où l'inégalité réelle a poussé de profondes racines, parce qu'alors , obligée de substituer l'égalité de droit à l'égalité de fait , elle ne repose que sur une pure abstraction sans tenir aucun compte de la réalité ; éphémère, parce que, lors même que les circonstances permettraient accidentellement de l'établir, je veux dire lors même qu'un peuple serait assez près de la barbarie ou de l'état sauvage pour se soutenir dans un ordre de démocratie parfaite , il est impossible que l'égalité n'éprouve pas avec le temps une altération considérable par suite de cette tendance à la perfectibilité qui est commune aux hommes , mais qui diffère dans les individus selon l'étendue et l'énergie de leurs facultés.

La démocratie existe, dit-on, dans les Etats-Unis d'Amérique ; cependant la partie essentielle du gouvernement y est basée sur les richesses et les lumières , sur la grande et la petite propriété , en un mot, sur un sénat et sur une chambre de représentans; le gouvernement y est donc avant tout représentatif ; il est vrai que ses formes sont essentiellement républicaines , circonstance très propre sans doute à remuer les passions de la multitude , à fomenter l'esprit d'anarchie , mais qui, dans aucun cas, ne saurait altérer la nature des conditions réelles et permanentes qui président à l'existence des sociétés.

Il ne suffit pas, je le répète, pour fonder une république de proclamer l'égalité et la souveraineté du peuple, comme on le fit en France il y a quarante ans d'après le *contrat social*. Là où la société présente des forces de différente valeur, des supériorités et des infériorités, l'égalité absolue est impossible; et notre histoire prouve qu'il est plus facile aux niveleurs d'envoyer les hommes à l'échafaud que de les démocratiser. Les événemens qui se sont succédé en France depuis 1793 viennent à l'appui de cette assertion.

CHAPITRE IV.

DU TRÔNE.

Si, comme nous l'avons vu dans notre premier chapitre, le gouvernement représentatif ne peut et ne doit consister que dans l'action que la société exerce sur elle-même, si tout ce qui a vie et force dans un état doit nécessairement intervenir dans les affaires publiques, où est pour la société, dira-t-on, l'utilité d'élever un trône au milieu d'elle? Les intérêts des rois ne sont ils pas toujours contraires aux intérêts des peuples? — Nous qui recherchons la vérité de bonne foi et sans esprit de parti, nous répondrons que lorsqu'on n'aime pas à se tenir dans des généralités rebattues, qui aujourd'hui n'ont plus de sens, il est impossible de ne pas admettre : 1º. que dans l'état actuel de la civilisation l'existence des trônes est devenue inévitable et 2º. que le gouvernement représentatif, qui nous paraît le seul qui puisse être convenablement approprié aux nations modernes, ne peut que servir à consolider les trônes en les rendant utiles au bonheur des peuples. Tâchons de le prouver.

Les meilleures républiques ont vu s'élever un trône dans leur sein. Ce fait, attesté par l'histoire, résulte à-la-fois et de la tendance naturellement excentrique des forces sociales et de l'énorme disproportion qui règne entre elles partout où la civilisation est très avancée. Ainsi, les hommes les plus éminens par leurs richesses ou par leurs lumières, cédant à un sentiment irrésistible de jalousie et de rivalité, ne cessent de troubler par leurs entreprises le repos de l'État, jusqu'à ce qu'enfin le plus influent et le plus habile réussisse à s'élever au dernier échelon de l'ordre social et à y dominer sans compétiteurs. Si c'était ici le lieu d'entrer dans des détails, nous aurions mille manières de prouver cette assertion.

Il y a plus : l'existence d'un trône est encore

plus inévitable chez les peuples familiarisés depuis des siècles avec les formes monarchiques; non que chez ces peuples on ne renverse par fois les rois qui abusent du pouvoir et se signalent par des actes d'oppression : mais le gouvernement royal, dans le cas dont il s'agit, fait tellement partie des habitudes de la nation, se lie si étroitement aux conditions fondamentales de la société civile, qu'il y est en quelque sorte inhérent et que, quelques violens que soient les efforts qu'on ait tentés pour l'abattre, il ne tarde pas à y être rétabli. Nous n'en voulons apporter d'autre preuve que la révolution de 1649 en Angleterre, et celle de 1793 en France. Les événemens qui succédèrent dans ces deux pays à ces épouvantables catastrophes montrent bien que les trônes n'y furent renversés qu'en apparence. Dans de semblables questions, c'est toujours le flambeau de l'histoire à la main qu'il faut marcher.

Partant de ces considérations, nous disons qu'un trône occupé par un roi constitionnel a pour les peuples un avantage incontestable, en ce qu'il ôte tout prétexte à ces tumultes séditieux, à ces guerres civiles qui, dans les républiques, sont le fruit ordinaire de l'ambition des grands : c'est un rempart permanent qui résiste à la tendance permanente de tout ce qui est disposé à l'envahissement, de tout ce qui menace la tranquillité sociale. Mais cet avantage n'est pas le seul, ou pour mieux dire, il en produit un autre qui n'a pas moins d'importance : je veux parler de cette espèce d'égalité morale que la prépondérance de la couronne établit entre les grands malgré l'inégalité matérielle de leurs forces ; et qui fait que n'ayant plus de but à leur rivalité, ils occupent par contre-coup entre le trône et le peuple, une position intermédiaire, féconde en heureux résultats ; car leur influence alors n'a d'autre objet que de s'opposer aux empiétemens du trône contre le peuple et aux entreprises du peuple contre le trône.

Dans cette situation, et afin de garantir à la société les avantages dont nous venons de parler, il importe que le trône ne soit jamais vacant ; car c'est surtout lorsque la société a sa place marquée dans le gouvernement de l'état que les interrègnes sont dangereux. Une nation plongée dans l'esclavage, et dont l'influence législative est nulle, n'a pas à craindre de voir beaucoup empirer sa situation par les troubles qu'entraîne la vacance d'un trône : au contraire, elle ne peut qu'y gagner, si celui qui parvient à s'emparer de cette place éminente, se montre, soit par ambition ou par vertu, ami de la justice et modéré. Mais il n'en est pas de même quand la partie forte et éclairée d'une nation a dans le gouvernement la part qui doit raisonnablement lui écheoir. Toute dispute alors pour l'occupation du trône pourrait devenir funeste, et la société ébranlée jusque dans ses fondemens ne pourrait que perdre au désordre des interrègnes.

On entrevoit, d'après ceci, l'utilité de rendre le trône héréditaire dans une seule famille et d'établir un ordre de succession qui prévienne toute contestation à la mort des rois. *Pravas aliorum spes cohiberi, si successor non in incerto* (1). Une aussi haute magistrature que la royauté ne saurait être livrée sans danger au caprice des élections et le salut du peuple exige qu'elle se perpétue en quelque sorte comme lui-même.

---

(1) Tacite, 3me livre des *Annales* :

Le moyen d'arrêter les espérances criminelles des ambitieux est qu'il n'y ait point d'incertitude sur celui qui doit succéder à l'empire.

CHAPITRE V.

DE LA PRÉROGATIVE ROYALE.

Cependant la personne royale ne serait qu'une vaine idole placée sur l'autel, si elle n'était investie d'une prérogative imposante et forte, qui soit comme le reflet de la force des peuples, et qui témoigne hautement de l'intérêt des peuples à rendre le trône inébranlable et respecté. Cette prérogative consiste à être le chef suprême de l'administration publique, à faire exécuter les lois ; elle est la seule qui, sans déranger aucun des rapports naturels de la société, puisse être convenablement exercée par le monarque : car si tout ce qui dépend de la puissance législative doit appartenir aux représentans de la force nationale, tout ce qui se rapporte à l'exécution des lois, exécution qui a presque toujours besoin d'une action momentanée, doit partir de la main d'un seul, comme d'un centre d'activité auquel se rapportent toutes les parties de l'État.

Mais la puissance législative a le droit d'examiner de quelle manière les lois qu'elle a faites ont été exécutées et ce droit en renferme un autre, le droit de juger la conduite de celui qui exécute.

Cependant que deviendrait la stabilité du trône,
si le roi était sans cesse appelé à répondre de l'exercice légal de ses fonctions, s'il pouvait être ac-
cusé ou jugé, si sa personne, nécessaire à l'État,
n'était pas inviolable et sacrée? Tel est le pro-
blème que résout la doctrine sur la prérogative
royale constitutionnelle. Par une heureuse fiction
de la loi, on a considéré le roi comme ne pouvant
faire ni désirer le mal. Ainsi les lois sont-elles tom-
bées dans le mépris, sont-elles éludées ou violées,
la faute en est à des conseillers incapables ou
méchans ; c'est eux qu'il s'agit de rechercher et
de punir. En un mot, inviolabilité du roi, responsabilité des ministres et autres agens du pouvoir exécutif, tel est le palladium de la liberté
nationale.

CHAPITRE VI.

DE LA RESPONSABILITÉ DES AGENS DU POUVOIR EXÉCUTIF.

Toutefois cette idée aussi sage que profonde de
garantir l'inviolabilité du roi par la responsabilité
des ministres et de leurs agens, quoique recon-
nue en principe, a presque toujours échoué dans
l'application. C'est là un mal qu'il faudrait pour-
tant faire disparaître ; car si l'on en venait jamais
à détruire la responsabilité ministérielle, l'invio-

labilité ne serait plus qu'un vain mot, et la royauté, ne pouvant plus repousser des actes auxquels la loi suppose qu'elle reste étrangère, serait enfin contrainte de recourir à la violence pour faire respecter sa prérogative et s'engagerait ainsi dans une lutte aussi fatale aux peuples qu'à elle-même. Il importe donc qu'une loi claire et précise fixe irrévocablement les termes de la responsabilité, il importe surtout qu'on s'attache dans cette loi bien moins à punir les traîtres et les concussionnaires qu'à réprimer sévèrement tout acte qui élude, qui viole les lois établies et en change l'esprit. Le crime réel d'un ministère et de ses agens est dans un pouvoir usurpé, dans la destruction de l'ordre établi, dans l'arbitraire. Ainsi, une loi qui se bornerait à punir la trahison, le vol ou la prévarication, n'aurait que bien peu de prise sur lui. Quel intérêt un ministre aurait-il à trahir un gouvernement dont il dispose et comment réussir à le convaincre de malversations qu'il a tant de moyens de cacher? D'ailleurs, s'il ne s'agit que de vol et de trahison, ne serait-ce pas faire jouer aux chambres législatives un rôle bien au dessous d'elles que de les appeler à juger et à punir des crimes de cette nature? N'y a-t-il pas une Cour d'assises et un code criminel pour donner satisfaction à la société?

CHAPITRE VII.

DE LA CHAMBRE DES PAIRS.

Le principal et le plus important mobile d'un gouvernement qui consiste dans l'action des forces sociales est sans contredit une assemblée permanente composée des citoyens les plus distingués par les richesses, les lumières et les vertus. C'est là une simple conséquence du principe de ce gouvernement : toutes les sommités sociales y sont directement appelées parce que leur prééminence est positive et constante et parce qu'on ne saurait les exclure de la législation sans intervertir l'ordre naturel des rapports sociaux, sans fouler aux pieds les lois de la raison et de la justice. Et cependant, avec quel acharnement n'attaque-t-on pas souvent les assemblées de ce genre ! avec quelle partialité ne cherche-t-on pas à les représenter comme des élémens aristocratiques, nuisibles à la liberté et contraires aux intérêts du peuple ! — Il ne s'agit pour montrer le vide de ces attaques que de remonter aux faits.

Tous les citoyens d'un état ne peuvent sans désordre concourir indistinctement à l'action gouvernementale ; ce concours n'est possible et légitime qu'entre ceux qui ont conquis un degré quelconque de force sociale ; mais parmi eux on doit placer en première ligne les citoyens qui sont arrivés aux derniers échelons de la carrière politique; dans la position évidente et élevée qu'ils occupent, il suffit de reconnaître et de déclarer formellement leur prééminence. Viennent ensuite les citoyens dont la condition est moins connue, et qu'il est nécessaire de démêler et de choisir dans le grand nombre, pour ne pas s'exposer à porter à la législation de l'état des hommes qui ne réuniraient pas des garanties suffisantes pour en former le soutien. De là, la nécessité d'instituer deux assemblées distinctes dont la composition réponde à la diversité des élémens qu'elles renferment; où les uns aillent siéger nominativement et d'une manière permanente; les autres, par voie d'élection et d'une manière temporaire.

Cela posé, nous disons qu'il y a sans doute un grand avantage à faire partager les travaux législatifs par deux assemblées qui aient chacune leurs délibérations à part, et qui puissent réciproquement contrôler leurs actes; car, si l'une d'elles envisage un sujet sous l'influence de quelque opinion éblouissante ou erronée, et adopte par l'effet de cette opinion une mesure vicieuse ou imprudente; l'autre assemblée qui examinera le même sujet, mais que ne domineront pas les mêmes inspirations, pourra relever l'erreur et

en suspendre par son vote les conséquences fâ-
cheuses.

Ce n'est pas tout ; la puissance législative a le
droit d'accuser et de juger les agens responsables
de l'administration ; mais ce droit ne saurait
être attribué à une assemblée unique ; se cons-
tituer en même temps accusateur et juge est un
abus monstrueux dont le peuple, dans la plupart
des républiques anciennes , était en possession ,
mais qui froisse toutes les règles de la saine juris-
prudence. Cet abus n'a pas lieu quand il y a
deux assemblées législatives, parce qu'alors
l'une est accusatrice et l'autre juge Et qu'on ne
dise pas qu'un tribunal pris dans le sein de la
même assemblée, remplirait également le but ;
car, dans ce cas, les hommes qui jugent ne
sont-ils pas exactement les mêmes que ceux qui
tantôt faisaient le rôle d'accusateurs ?

Enfin , qui pourrait nier que, dans l'hypo-
thèse d'un conflit, toute collision entre le pouvoir exécutif et le corps législatif est bien moins
dangereuse lorsque ce corps est partagé en deux
assemblées que lorsqu'il n'en forme qu'une ?
Dans le premier cas, l'une des deux assemblées
intervient utilement entre les parties opposan-
tes et fait pencher la balance du côté où sont les
intérêts de la nation et de l'ordre ; dans le second
cas , c'est à dire lorsque la nation n'est repré-

sentée que par une assemblée unique, deux pouvoirs gigantesques sont en présence; une fois la lutte engagée, il faut que l'un d'eux périsse, et la société en proie aux plus affreuses convulsions, passe alternativement du joug de l'ochlocratie à celui du despotisme.

CHAPITRE VIII.

SUITE.

Maintenant, si nous examinons ce qu'est la Chambre des pairs en France, nous serons bien forcés d'avouer, qu'en général, les élémens qui la composent ne répondent pas complètement à la fin de l'institution. Bien entendu que ceci ne s'applique qu'aux principes et non pas aux individus dont plusieurs, nous nous hâtons de le reconnaître, sont investis de tous les caractères de la force sociale. Il y a dans cette chambre de grands noms qui sont le plus bel ornement de la noblesse ancienne et de la nouvelle ; des hommes qui rappellent toutes les gloires de la France ; mais trop souvent à côté de ces noms il n'y a point de fortune. Or, la noblesse, nous l'avons dit ailleurs, n'est pas un élément de force en elle-même, et son importance politique ne peut être regardée comme réelle que lorsqu'elle se trouve réunie aux richesses, aux talens et à la vertu. En matière de législation, il n'y a de distinction importante à établir parmi les membres de la société civile, que celle qui dérive de leur puissance relative ; le chef de l'État peut faire sans doute des nobles à volonté, leur accorder des rangs et des honneurs, mais il ne dépend pas de lui de donner tout d'un coup de la force à ce qui n'en a point, à ce qui est faible par soi-même ; et si l'on a bien compris le sens de nos paroles, on reconnaîtra que la dignité de pair est moins une faveur qui s'adresse à l'individu qu'une prérogative politique qui s'attache à tout homme éminent en crédit et en richesse. Aussi, est-ce dans la Charte une disposition très conforme à l'esprit du gouvernement représentatif que celle qui veut qu'aucun traitement, aucune pension ne soient affectés à la pairie. Payer les législateurs d'une nation, leur assigner des indemnités pour l'exercice de leurs pouvoirs, ce n'est pas moins les méconnaître que les dégrader ; c'est prétendre que la nation doit se payer des soins qu'elle prend pour se régir et pour assurer sa propre existence ; c'est détruire le côté moral de la force qui doit être à elle-même son soutien, et qui n'agissant alors qu'à l'aide d'impôts prélevés sur les peuples se dépouille en

quelque sorte de son caractère pour prendre celui de la dépendance et de la faiblesse.

En résumé, la première assemblée de l'État
doit être uniquement composée de notabilités
choisies parmi les plus prépondérantes, et quelque part qu'elles se trouvent ; elle doit s'ouvrir
aux grandes fortunes étayées par des talens supérieurs ou par des services éclatans rendus au
pays. Nobles ou roturiers, peu importe : les
conditions que nous venons d'énoncer sont seules nécessaires pour être appelé à la pairie.

Il résulte de ces considérations que le nombre
des pairs doit être illimité ; car restreindre et déterminer le nombre des sommités sociales qui
doivent concourir à la législation, c'est en exclure une partie au préjudice de l'autre, c'est
oublier que la dignité de pair ne doit en définitive avoir pour objet que de consacrer d'une manière authentique l'influence inséparable de tout
homme riche et puissant.

Nous sommes ici conduits à un sujet délicat et
l'un de ceux qui intéressent le plus directement
la dignité et l'indépendance de cette chambre.
Je veux parler du droit de nomination à la pairie. Et d'abord, pourquoi n'avoir confié qu'au
Roi le soin de cette nomination ? La chambre des
pairs, indépendamment de ses attributions légis-

latives et judiciaires, n'est-elle pas destinée à amortir les coups que le pouvoir exécutif et la chambre des députés pourraient se porter, à leur servir de contre-poids, enfin, à prêter son appui au pouvoir comme à la liberté ménacés? — Pour-quoi donc la pairie ne tiendrait-elle pas à la fois de la nature de l'un et de l'autre? De deux cho-ses l'une; ou les hommes qu'on élève à cette di-gnité ne sont que des infériorités, et alors le prin-cipe de la force est déplacé, il n'y a plus d'équi-libre, l'ordre naturel des conditions sociales est renversé, ou ces hommes sont de véritables puissances et sont déjà pairs dans l'opinion pu-blique, et, dans ce cas, il vaut mieux qu'ils soient indiqués par des électeurs, organes légaux de l'opinion : c'est là ce que nous semblent de-mander tout à la fois les intérêts bien entendus de la couronne et ceux de la société. Qu'une crise violente survienne, dans laquelle le pouvoir exécutif ou la liberté se trouveraient menacés, l'intervention de la pairie serait alors très effi-cace et très utile, car cette illustre assemblée ne serait pas composée de gens qui pourraient passer pour des créatures du pouvoir, créatures nulles et impuissantes au moment du danger, mais bien de véritables prééminences reconnues pour telles par la nation. Au surplus, il ne s'agit pas ici d'ôter au Roi la nomination des pairs, nous disons seulement qu'il y aurait de l'avantage à lui donner les moyens de consulter l'opinion publique à chaque promotion nouvelle, et que la pairie, par l'heureux accord de cette double élection de la nation et du Roi, réunirait incontestablement toutes les conditions d'une grande institution politique.

La pairie doit-elle être héréditaire? Il y a peut-être quelque témérité de notre part à agiter cette question, lorsque l'opinion semble avoir décidé que l'hérédité de cette dignité devait disparaître à tout jamais de la constitution. Mais ce jugement est-il sans appel? Et si l'on venait un jour à reconnaître qu'il a été bien moins l'œuvre de la conviction qu'une concession faite à l'esprit dominant d'une époque, à une opinion plus passionnée que réfléchie, ne serait-il pas convenable d'examiner s'il n'y aurait pas plus d'avantage à modifier qu'à maintenir ce qui est? Nous ne préjugeons rien et nous ne faisons qu'émettre ici un simple doute. Quant à notre opinion à ce sujet, elle ne peut qu'être conforme aux principes que nous avons établis. Ce n'est point à cause de sa naissance que le fils d'un pair doit conserver la même dignité, c'est à cause de sa fortune et parce qu'il jouit de cette influence positive et légitime que le riche acquiert sur le pauvre, en raison du travail qu'il lui procure. Il y aurait sans doute du danger à renvoyer dans les rangs inférieurs de la société un homme dont la position est naturellement prééminente ; il faut donc le conserver où il est. Au surplus, on doit reconnaître que tout ce qui donne de la permanence au moyen de contenir les peuples et les rois dans le cercle de leurs prérogatives ne peut que contribuer à garantir l'ordre et la liberté et à rendre inébranlable la constitution de l'état. Sous ce point de vue, il y a certainement de l'avantage à conférer l'hérédité à la pairie, parce qu'on possède ainsi un certain nombre de sommités sociales qui est comme le type perpétuel de toutes les puissances de même espèce qui s'élèvent du fond de la société. En vain objecterait-on que l'assemblée permanente pourrait s'étendre à l'infini ; car outre que les générations des familles les plus puissantes n'ont pas plus que d'autres le privilège d'échapper aux ravages du temps, il faut faire attention que les classes inférieures du milieu desquelles sortent originairement toutes les supériorités sociales, sont et seront toujours les plus nombreuses, et que, partout où on laissera aux hommes le libre développement de leurs facultés, il n'y aura pas à craindre que l'équilibre des forces sociales soit jamais dérangé.

CHAPITRE IX.

DE LA CHAMBRE DES DÉPUTÉS.

Si les hommes éminens par la fortune, par les talens, par la probité, se désignent d'eux-mêmes à tous les regards, et si, par cette raison, il est facile de les appeler à l'œuvre de la législation, il n'en est pas ainsi des individus qui naissent à la vie civile, de ceux qui par leur activité et leur industrie s'élèvent à une condition plus indépendante et secouent cette incapacité politique dont les classes inférieures se trouvent en quelque sorte frappées : leur nombre est considérable et il n'est pas facile de distinguer de prime-abord ceux qui réunissent individuellement les facultés convenables pour aller former une portion de la puissance publique ; il faut les comparer entre eux, examiner leur position respective, tenir compte des différences qui les caractérisent, d'où il suit que ceux qui ont qualité pour être élevés au rang de représentans ne peuvent l'être que par le vœu de ceux qui ont eux-mêmes une part active dans l'action sociale. C'est là le grand ouvrage de l'élection.

Mais à quels signes doit-on reconnaître ici le caractère de la force sociale ? Nul doute que ce ne soit d'abord à la propriété ; car il importe en pareil cas de prévenir toute méprise, et, faute d'un point fixe, positif, visible, sur lequel elle puisse s'appuyer, l'élection n'est plus que le fruit du caprice, de la brigue, des passions populaires ; on déplace, on confond à son gré tous les principes du gouvernement représentatif; on les anéantit. Il faut donc se garder de laisser ce point dans le vague, sans quoi toute constitution pèche par la plus importante de ses bâses. Mais comme il y a des degrés innombrables entre les diverses parties de la propriété, il faut bien admettre un taux au-dessous duquel la propriété cesse d'être un signe de force sociale; car il peut se trouver une part de la propriété assez faible pour rendre imperceptible la différence entre un propriétaire et ce qu'on appelle un prolétaire. De là l'indispensable nécessité de fixer un cens pour les électeurs aussi bien que pour les éligibles. Quant aux conditions de talent et de mérite, c'est uniquement à l'opinion publique qu'il faut laisser le soin de les apprécier; aussi l'élection doit-elle être dégagée de toute entrave et parfaitement libre ; sans cela elle cesserait d'être la véritable expression du vœu de la société.

Et qu'on n'objecte pas que, soit par rapport aux individus qui ont la capacité d'élire, soit par rapport à ceux qui ont la capacité d'être élus, c'est fausser le principe de l'élection , c'est l'empêcher d'exprimer le vœu de la société, que de lui imposer la restriction du cens ; car il ne suffit pas que le système représentatif s'appuie sur l'élection, il faut aussi qu'il soit en corrélation avec l'état de la société : ce qui n'a lieu qu'autant que le principe électif n'est pas étendu au delà de ce que comportent les besoins du corps politique, l'intérêt de l'ordre et les progrès de la civilisation. Or, la propriété est devenue le signe et presque la marque visible de la capacité par les loisirs qui l'accompagnent ; loisirs sans lesquels les hommes ne pourraient pas cultiver les dons de l'intelligence. Je conviendrai, si l'on veut, que ce signe n'est pas infaillible ; mais on reconnaîtra aussi avec moi que la capacité de chaque individu, ne pouvant guères être soumise à une appréciation exacte de la part des gouvernemens, on est bien forcé de la rattacher à quelque chose d'extérieur qui lui serve de garant, et, qu'à tout prendre, la propriété en est encore l'indice le moins équivoque. Ainsi, dira-t-on, le système constitutionnel n'est que la représentation de la propriété et non pas celle du nombre, comme si tous les droits ne devaient pas trouver une garantie dans les institutions, comme si le nombre n'avait pas de droits ! — Je réponds qu'il y aurait de l'injustice à soutenir qu'on ne reconnaît pas les droits du nombre, lorsque tous les citoyens d'un état sont déclarés égaux devant la loi, lorsque leur liberté individuelle est également assurée, lorsqu'ils contribuent indistinctement, dans la proportion de leur fortune, aux charges de l'état. Ce sont bien là, ce me semble, les droits de tous, pauvres, riches, faibles ou puissans. Mais il est d'autres droits qui dérivent de la position sociale et qu'on ne possède qu'à de certaines conditions ; tels sont les droits politiques, lesquels ne pourraient être conférés aux masses sans vouloir livrer gratuitement les peuples à la confusion et à l'anarchie. Les prolétaires, les *capite censi*, qui n'offrent ni la garantie des lumières, ni celle de la fortune, ne peuvent avoir d'autres droits que les droits généraux dont nous venons de parler : leur condition mercenaire, la dépendance actuelle et directe où ils se trouvent, ne leur permettent pas de prendre librement part aux assemblées politiques, ni comme électeurs ni comme éligibles ; non pas certainement par cela seul qu'ils sont des prolétaires, mais parce que dans leur position nécessairement soumise à toutes les influences et à la merci de toutes les intrigues, il serait impossible de leur reconnaître, même par une fiction de la loi, le caractère de la force et de l'indépendance sociale.

Le résultat de l'élection est la formation d'une

chambre des députés, chambre nécessairement temporaire, parce qu'elle doit être l'image mouvante de cette classe moyenne qui se recrute tous les jours dans le peuple, au sein des classes inférieures, et qui est le produit du travail, de l'industrie et des lumières. Cette chambre a la même importance politique que la chambre des pairs ; elle en partage les attributions ; mais elle en possède d'autres qui lui sont propres ; de ce nombre, sont l'examen et le vote de l'impôt : à elle appartient le droit d'en fixer la quotité, la durée et l'emploi. Ce droit est juste ; car c'est surtout la classe moyenne, c'est la petite propriété que l'impôt frappe douloureusement ; elle a donc besoin d'une garantie spéciale qui la mette à couvert des atteintes de la violence, et cette garantie est dans le droit qui est exclusivement attribué à la chambre temporaire de régler les contributions et de déterminer ce que doivent fournir les citoyens pour les dépenses de l'état.

Un autre avantage de cette assemblée est d'être plus particulièrement l'organe légal de l'opinion publique ; car si les membres qui la composent sont infidèles à leur mandat, les citoyens qui les ont élus peuvent les désavouer en faisant connaître par de nouveaux choix quels sont les vœux et les sentimens de tous ou du plus grand nombre. Mais pour que cette haute prérogative nationale demeure intacte et produise l'effet qu'on doit en attendre, c'est à-dire la déclaration de la volonté générale, il faut que le ministère ne puisse se permettre ni corruption, ni fraude, ni atteinte à l'indépendance des électeurs. Certes, tout pouvoir a le droit de veiller au maintien de sa propre existence, de se prémunir contre des attaques violentes ou injustes, de chercher même d'une manière franche et loyale à se faire des amis; mais il ne doit point sortir des limites de ce droit légitime, il ne doit point essayer de faire violence à l'opinion publique : cette opinion est l'âme du gouvernement représentatif; elle en est le principe de direction, et c'est d'elle que relève la pensée, la volonté première qui est le principe de l'action et qui, partout où subsistent des institutions nationales, réside dans les assemblées législatives. Le ministère a donc besoin de marcher d'accord avec la majorité légale pour n'être pas frappé d'inaction; mais il ne s'ensuit pas qu'il doive se créer une majorité factice et illégitime par l'intrigue ou par la violence. Supposé qu'il parvienne à s'assurer un nombre de voix capable de le soutenir dans les discussions parlementaires, qui lui répondra que cette majorité, qu'il a achetée au poids de l'or ou avec des places, lui restera fidèle et qu'elle ne l'abandonnera point sitôt qu'elle verra l'opinion publique se prononcer trop énergiquement contre lui et la menacer elle-même de l'engloutir dans une insurrection populaire? D'ailleurs, dans le cas dont nous parlons, il y a toujours quelques-uns de ces esprits généreux qui échappent à la corruption et qui se refusant à faire cause commune avec une majorité vénale, se constituent en un corps d'opposition systématique ; cette opposition, par des attaques répétées contre le ministère, et en dévoilant du haut de la tribune les intrigues et les iniquités dont il a pu se rendre coupable, éclaire sans cesse l'opinion générale et finit par arracher aux ennemis de la nation cette majorité vénale qui était tout leur soutien.

Les choses sont loin de se passer ainsi, lorsqu'un ministère, au lieu d'usurper les élections, respecte religieusement leur liberté et leur indépendance. La chambre élective est alors, en masse, l'organe de l'opinion nationale; il n'y a pas en elle de corps d'opposition proprement dit, et il ne peut pas y en avoir. Contre qui défendrait-il les intérêts généraux ? Contre la majorité ? Mais elle est supposée avoir été créée sous l'influence de ces mêmes intérêts. Contre le ministère ? — Mais comme il est supposé étranger à la formation de l'assemblée, il faut bien qu'il suive la route qu'elle lui trace ou qu'il renonce à administrer. La majorité ou la minorité dans une chambre législative, qui est le résultat d'une libre élection, ne se forment pas constamment des mêmes élémens ; elles changent selon la manière dont chacun des membres envisage une affaire mise en délibération. Ainsi, l'opposition de ceux qui diffèrent de l'avis du plus grand nombre n'est qu'une simple dissidence, née de quelque opinion éventuelle, mais qui n'entraîne avec elle aucun caractère hostile.

En définitive, le système constitutionnel a soif de vérité ; il est incompatible avec la mauvaise foi, avec de vains déguisemens. Dès que l'hypocrisie peut s'en emparer, il devient le plus détestable des systèmes, il est pire que le despotisme ; celui-ci au moins est franc dans sa marche et peut s'arrêter par la frayeur de ses propres excès.

CHAPITRE X.

CONCLUSION.

Nous venons de terminer la tâche que nous nous étions imposée. Peut-être nous resterait-il encore des questions d'une haute importance à traiter, mais nous croyons devoir les négliger, parce qu'elles ne tiennent pas d'une manière assez directe à notre sujet. Nous n'avons eu d'autre

but que de porter l'attention des lecteurs, si
tant il y a que cet essai en trouve, sur l'action
des forces de la société civile; action prodigieuse
d'où dépend la solution de tous les problèmes de
l'ordre social. Les seules vues particulières que
nous nous soyons permises sur la constitution
de la Chambre des pairs et sur la responsabilité
ministérielle, ont été énoncées, non pas tant
dans le vain désir de satisfaire quelque système
de perfection théorique, que pour indiquer les
moyens qui nous paraissent les plus capables
d'affermir les fondemens et la durée du régime
représentatif; ces vues, nous croyons que le
temps les réalisera, mais sans secousse, et parce
que notre organisation politique renferme en
elle-même le germe des perfectionnemens qui
peuvent lui devenir nécessaires. Cependant, il
ne faut pas trop se faire illusion sur le véritable
état des choses; si, d'un côté, on est porté à se
rassurer en observant le désir de tranquillité et
d'ordre qui règne dans la grande masse de la
nation; de l'autre, on peut craindre que les esprits généreux et ardens, trompés par de fausses
analogies, par de spécieux raisonnemens, ne se
laissent entraîner à croire que ces mots d'égalité,
de souveraineté populaire, qui retentissent sans
cesse à nos oreilles, doivent avoir dans le système
représentatif le même sens que dans les républi-

ques anciennes ; on peut craindre aussi que les
partisans de cette doctrine , qu'on appelle la légitimité, n'entretiennent sourdement la division
dans l'espoir de ressaisir le pouvoir qui leur est
échappé. Que les gens sensés, que les Français
amis de leur pays, se tiennent donc en garde
contre de perfides insinuations, contre les pièges
que leur tendent les instigateurs de troubles et
les soi-disans défenseurs du peuple !

Les sociétés modernes n'ont aucun rapport
avec les sociétés anciennes ; elles diffèrent de ces
dernières par leur composition comme par leurs
tendances ; par leur étendue matérielle comme
par les climats qu'elles habitent. La liberté politique, dans les républiques de la Grèce et de
Rome, était fondée sur l'esclavage ; la partie libre de la nation, maîtresse de son temps, était
sans cesse assemblée sur la place publique ; sa
grande occupation, quand elle n'allait pas à la
guerre, était de délibérer sur ses lois ; occupation
dont jamais ne la détournait l'exercice des pro-
fessions mécaniques. Les actions privées, d'ailleurs, étaient soumises à une vigilance sévère et
tyrannique ; la liberté individuelle était nulle ;
on devenait suspect dès qu'on possédait quelques
qualités brillantes, et tel était le sentiment de
l'égalité chez les républicains de ces temps recu-
lés, qu'ils ne souffraient pas qu'on les servît avec

des talens supérieurs, capables de les assujet-
tir (1). Enfin, l'oppression était légitime du moment qu'elle était l'œuvre de la volonté populaire.

Chez les nations modernes, les circonstances
sont loin d'être les mêmes : peu accoutumés à
vivre sur la place publique, nous préférons à
cette surabondance de liberté politique les
douceurs de la vie intérieure, les avantages
de la liberté civile, comme étant plus con-
formes à nos habitudes, à notre existence actuelle. Partout l'industrie et le commerce, en
ouvrant de nouvelles sources de richesses, en
éclairant les esprits actifs et entreprenans, ont
rendu pour jamais impossible cette égalité absolue que demande la démocratie. Le monde a to-
talement changé de face. Les biens auxquels les
hommes attachent aujourd'hui le plus de prix
consistent dans l'exercice le plus étendu, comme aussi le plus légal de leurs facultés; dans la
garantie la plus sûre de leurs personnes et de
leurs propriétés. Le meilleur gouvernement est
celui où ces biens se rencontrent; et si, dans le
système représentatif, le citoyen doit aspirer à
prendre une part active dans l'action sociale,
c'est uniquement parce que les droits politiques

(1) VERTOT, *Révolutions romaines.*

qu'il peut être appelé à exercer sont la sauve-
garde de ses droits individuels.

Quant à la doctrine de la légitimité, nous ne
pensons pas qu'elle puisse être opposée avec
succès à l'ordre politique actuellement existant
et voici les motifs sur lesquels nous fondons
cette opinion.

L'existence et la stabilité du trône, dans un
gouvernement représentatif, se rattachent aux
besoins et aux intérêts bien entendus de la nation. Il importe que cette place éminente soit à
l'abri des ambitieux, et c'est pour la soustraire
à leurs coupables desseins qu'on reconnaît à une
famille le droit de l'occuper exclusivement, et
par succession héréditaire. Ainsi, tout roi,
monté sur le trône en vertu d'un pareil privi-
lége, doit être considéré comme un roi légitime:
s'il était permis un instant de lui contester son
droit, la couronne ne serait plus qu'une cause
perpétuelle de bouleversement. Mais afin que la
légitimité du monarque, indépendamment de
cette première considération, ne soit pas un vain
simulacre, il faut qu'elle coïncide avec un gouvernement qui soit lui-même légitime, je veux
dire, avec un gouvernement qui représente cette
action tutélaire que la société a besoin d'exercer
sur elle même pour remplir les conditions de
son existence. Sans cette coïncidence nécessaire,

sans l'appui d'un gouvernement national, la légitimité des rois n'est qu'un mot ; associée à un pouvoir injuste et oppressif, elle ne peut manquer d'être ensevelie sous les ruines de ce pouvoir quand il vient à être renversé. Charles X était assurément un roi très légitime, mais les ordonnances de Juillet une fois rendues, à quoi lui a servi sa légitimité?....

FIN.

TABLE.